Impressum
Verlag: BABADADA GmbH, Nedderfeld 112 , 22529 Hamburg
Geschäftsführer / Verlagsleitung: Harald Hof
Druck: Books on Demand GmbH, In de Tarpen 42, 22848 Norderstedt

Imprint
Publisher: BABADADA GmbH, Nedderfeld 112 , 22529 Hamburg, Germany
Managing Director / Publishing direction: Harald Hof
Print: Books on Demand GmbH, In de Tarpen 42, 22848 Norderstedt, Germany

școală

škola

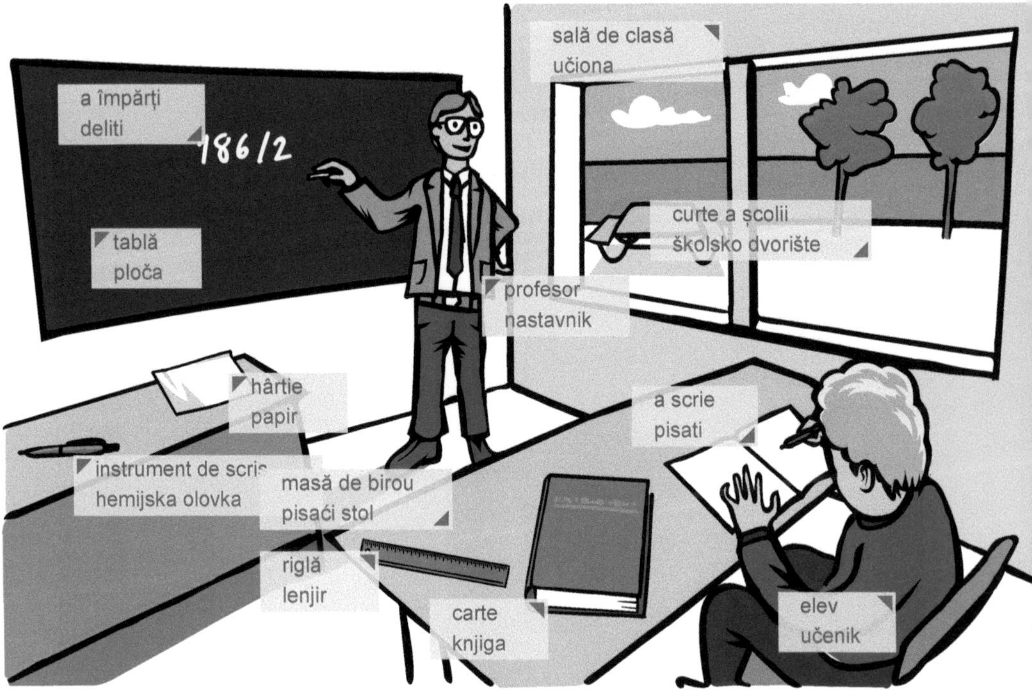

sală de clasă
učiona
a împărți
deliti
186/2
tablă
ploča
curte a școlii
školsko dvorište
profesor
nastavnik
hârtie
papir
a scrie
pisati
instrument de scri
hemijska olovka
masă de birou
pisaći stol
riglă
lenjir
carte
knjiga
elev
učenik

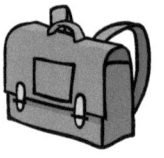

ghiozdan

torba

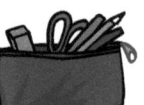

penar

pernica

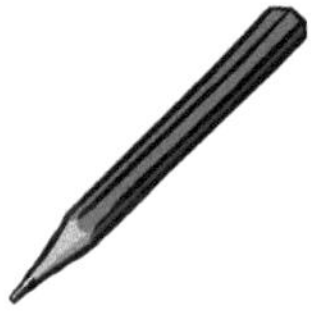

creion

grafitna olovka

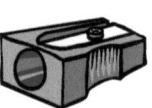

ascuțitoare

šiljilo za olovke

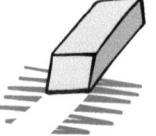

radieră

gumica za brisanje

bloc de desen

blok za crtanje

desen

crtež

pensulă

kist

cutie de acuarele

kutija sa bojama

foarfece

makaze

lipici

lepilo

caiet de exerciţii

beležnica

temă

domaći zadatak

număr

broj

a aduna

sabirati

a scădea

oduzimati

a multiplica

množiti

a calcula

računati

literă

slovo

ABCDEFG HIJKLMN OPQRSTU VWXYZ

alfabet

abeceda

cuvânt

reč

text
tekst

a citi
čitati

cretă
kreda

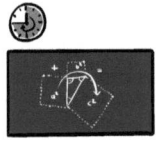

oră
čas

catalog
dnevnik

examen
ispit

certificat
svedočanstvo

uniformă școlară
školska uniforma

educație
obrazovanje

enciclopedie
leksikon

universitate
univerzitet

microscop
mikroskop

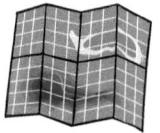

hartă
karta

coș de gunoi
košara za papir

călătorie
putovanje

hotel
hotel
Grand
hostel
prenoćište
ROOMS
casă de schimb valutar
menjačnica
valiză
kofer
autovehicul
auto

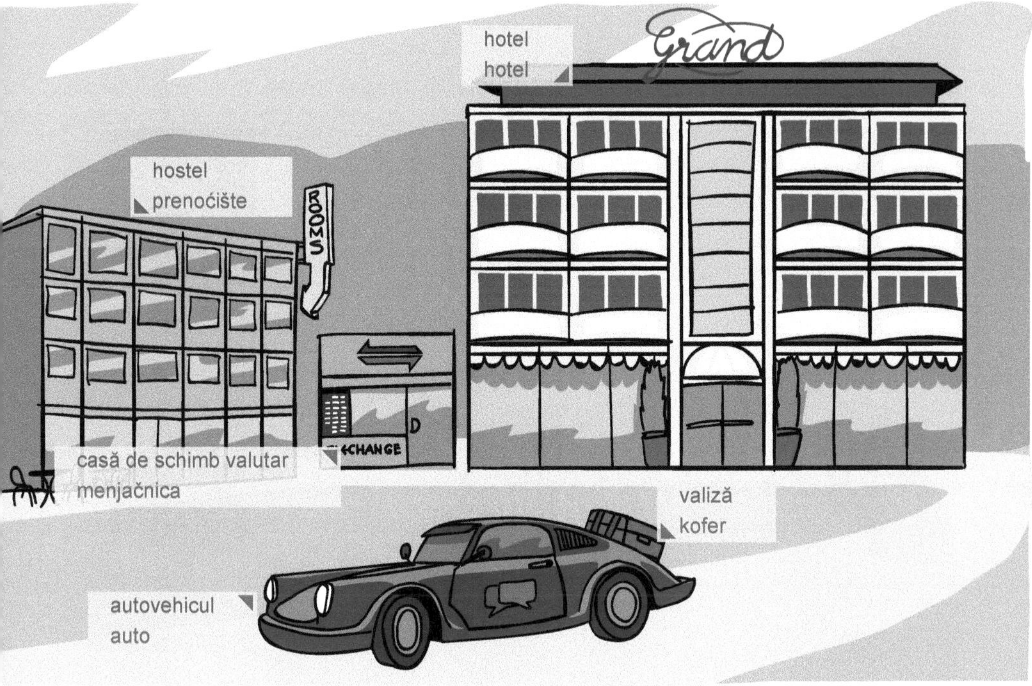

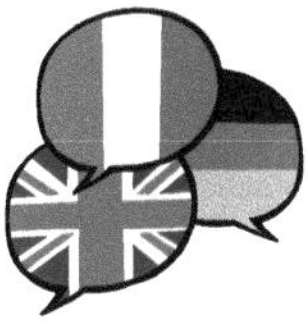

limbă

jezik

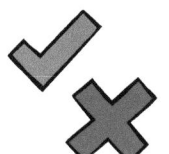

da/nu

da / ne

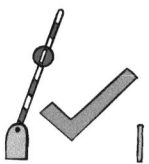

okay

okej

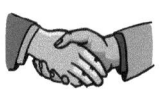

Bună!

zdravo

interpret

prevodilac

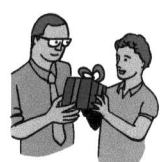

mulțumesc

hvala

Cât costă...?

Koliko košta...?

Nu înțeleg

ne razumem

problemă

problem

Bună seara!

dobro veče!

Bună dimineața!

Dobro jutro!

Noapte bună!

Laku noć!

la revedere

doviđenja

direcție

smer

bagaj

prtljaga

geantă

torba

rucsac

ruksak

oaspete

gost

cameră

soba

sac de dormit

vreća za spavanje

cort

šator

punct de informare turistică

turističke informacije

plajă

plaža

carte de credit

kreditna kartica

mic dejun

doručak

masa de prânz

ručak

cină

večera

bilet de călătorie

karta za vožnju

lift

lift

timbru poştal

poštanska markica

graniţă

granica

vamă

carina

ambasadă

ambasada

viză

viza

paşaport

pasoš

transport
transport

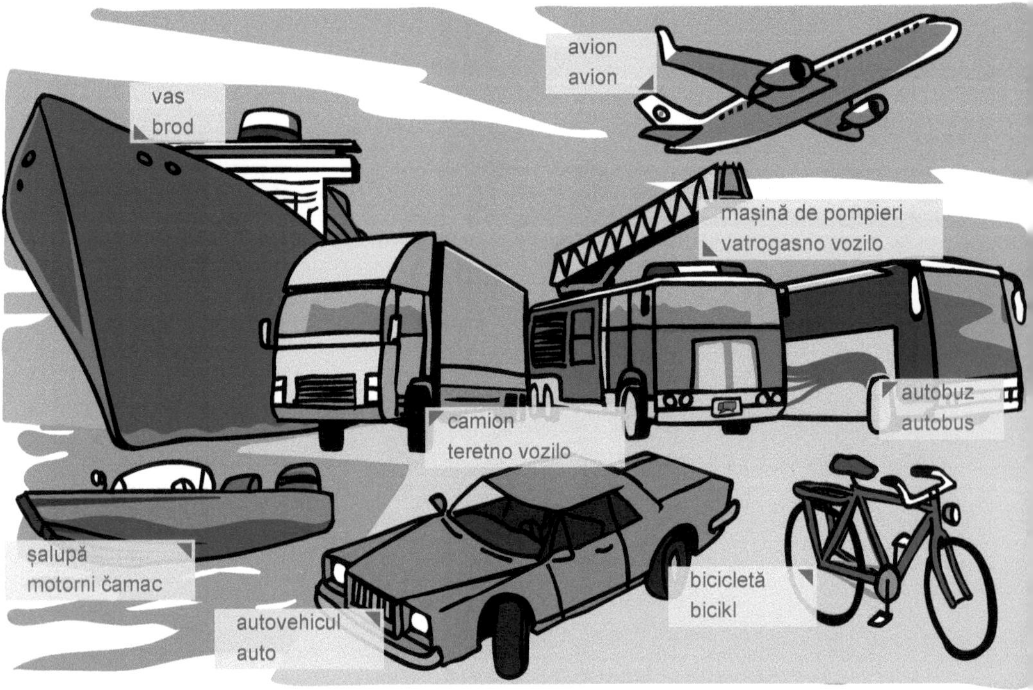
avion
avion
vas
brod
mașină de pompieri
vatrogasno vozilo
autobuz
autobus
camion
teretno vozilo
șalupă
motorni čamac
bicicletă
bicikl
autovehicul
auto

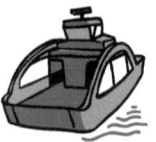

feribot

trajekt

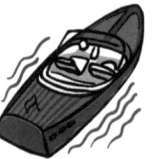

barcă

čamac

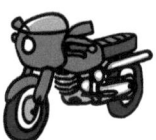

motocicletă

motocikl

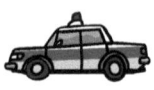

mașină de poliție

policijski auto

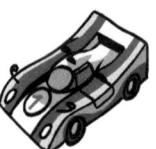

mașină de curse

trkaći auto

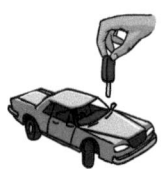

mașină închiriată

iznajmljeno auto

car sharing

delenje automobila

mașină de tractat

vučno vozilo

mașină de gunoi

vozilo za odvoz smeća

motor

motor

combustibil

benzin

benzinărie

benzinska stanica

semn de circulație

saobraćajni znak

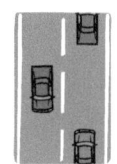

trafic

saobraćaj

ambuteiaj

zastoj

parcare

parkiralište

gară

železnička stanica

șine

šine

tren

voz

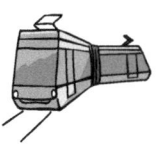

tramvai

tramvaj

vagon

vagon

elicopter

helikopter

aeroport

aerodrom

turn

kula

pasager

putnik

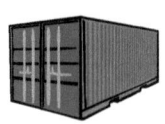

container

kontejner

carton

karton

căruță

kolica

coș

korpa

a decola/a ateriza

uzleteti / sleteti

oraș

grad

sat

selo

centru

centar grada

casă

kuća

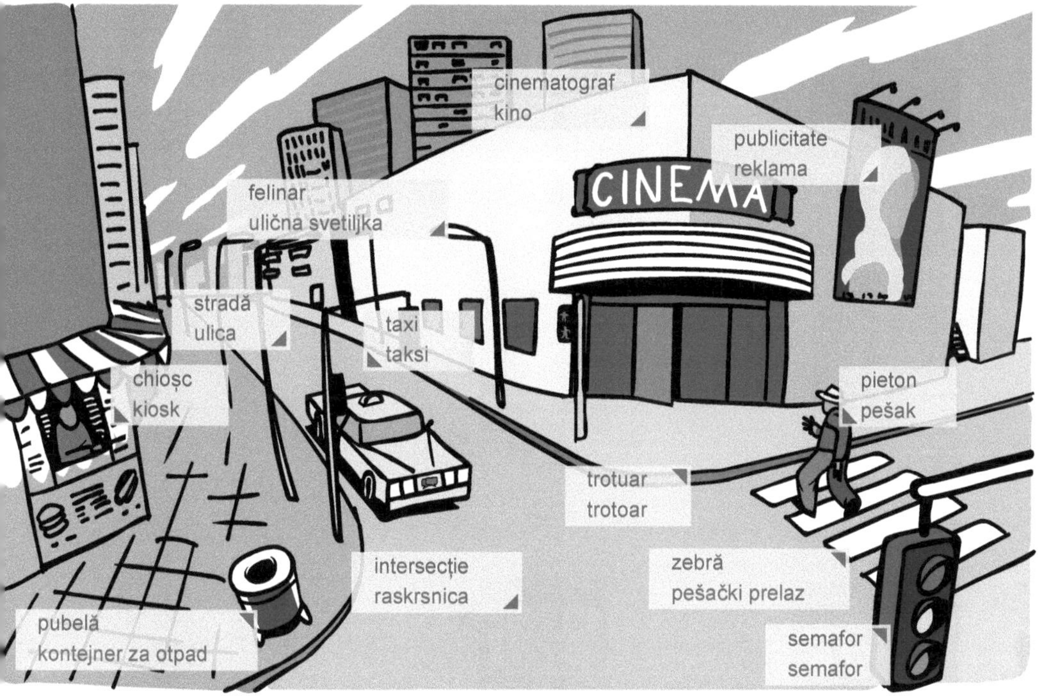

cinematograf
kino

publicitate
reklama

felinar
ulična svetiljka

CINEMA

stradă
ulica

taxi
taksi

chioşc
kiosk

pieton
pešak

trotuar
trotoar

intersecţie
raskrsnica

zebră
pešački prelaz

pubelă
kontejner za otpad

semafor
semafor

cabană
koliba

apartament
stan

gară
železnička stanica

primărie
većnica

muzeu
muzej

şcoală
škola

universitate

univerzitet

bancă

banka

spital

bolnica

hotel

hotel

farmacie

apoteka

birou

kancelarija

librărie

knjižara

magazin

prodavnica

florărie

cvećara

supermarket

supermarket

piață

trg

magazin universal

robna kuća

comerciant de pește

ribarnica

centru comercial

trgovački centar

port

luka

parc
park

bancă
klupa

pod
most

trepte
stepenice

metrou
podzemna železnica

tunel
tunel

stație de autobuz
autobuska stanica

bar
bar

restaurant
restoran

cutie poștală
poštansko sanduče

tăbliță indicatoare cu
numele străzii
ulični znak

parcometru
parkirni automat

grădină zoologică
zoološki vrt

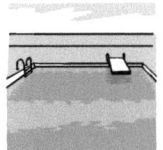

piscină
bazen

moschee
džamija

gospodărie țărănească

seosko gazdinstvo

poluare

zagađenje okoline

cimitir

groblje

biserică

crkva

loc de joacă

igralište

templu

hram

peisaj
pejsaž

frunză
list

indicator
putokaz

drum
put

pajište
livada

piatră
kamen

copac
drvo

drumeț
šetač

râu
reka

iarbă
trava

floare
cvijet

vale
....
dolina

deal
....
planina

lac
....
jezero

pădure
....
šuma

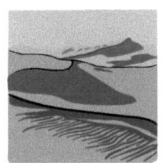

deșert
....
pustinja

vulcan
....
vulkan

castel
....
dvorac

curcubeu
....
duga

ciupercă
....
gljiva

palmier
....
palma

țânțar
....
moskito

muscă
....
muva

furnică
....
mrav

albină
....
pčela

păianjen
....
pauk

gândac

buba

broască

žaba

veveriţă

veverica

arici

jež

iepure

zec

bufniţă

sova

pasăre

ptica

lebădă

labud

porc mistreţ

divlja svinja

cerb

jelen

elan

los

dig

nasip

turbină eoliană

vetrenjača

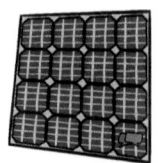

panou solar

solarna ploča

climă

klima

restaurant
restoran

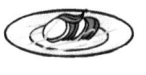

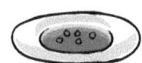

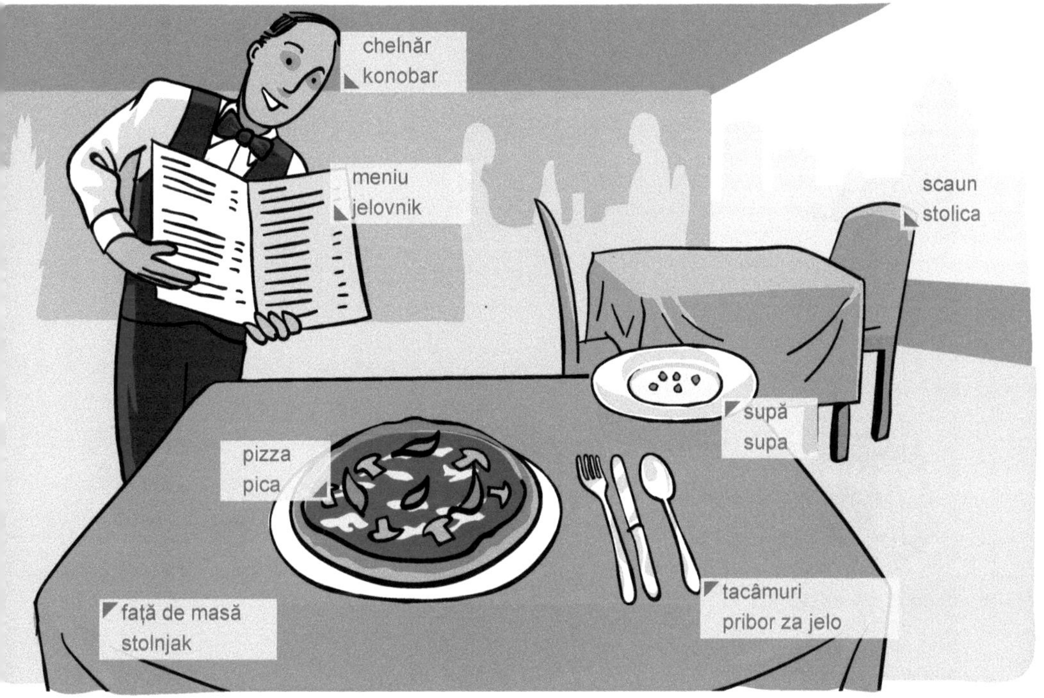

chelnăr
konobar
meniu
jelovnik
scaun
stolica
supă
supa
pizza
pica
tacâmuri
pribor za jelo
față de masă
stolnjak

antreu

predjelo

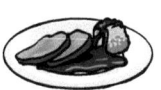

fel principal

glavno jelo

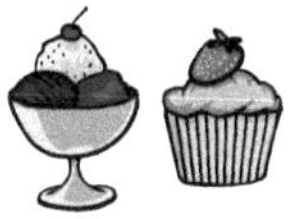

desert

desert

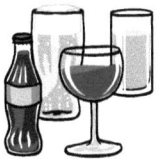

băuturi

napitci

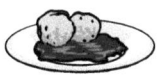

mâncare

jelo

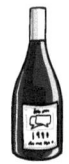

sticlă

flaša

fastfood

brza hrana

streetfood

imbis hrana

ceainic

čajnik

zaharniță

doza za šećer

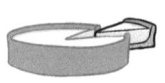

porție

porcija

espressor

aparat za espresso

scaun înalt (pentru copii)

visoka stolica

factură

račun

tavă

poslužavnik

cuțit

nož

furculiță

viljuška

lingură

kašika

linguriță

čajna kašika

șervețel

salveta

pahar

čaša

restaurant - restoran

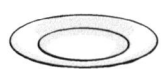

farfurie
tanjir

farfurie de supă
tanjir za supu

farfurie
tanjirić

sos
sos

solniță
soljenka

râșniță de piper
mlin za biber

oțet
sirće

ulei
ulje

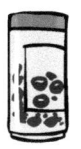

condimente
začini

ketchup
kečap

muștar
senf

maioneză
majoneza

oferță
ponuda

client
kupac

produse lactate
mlečni proizvodi

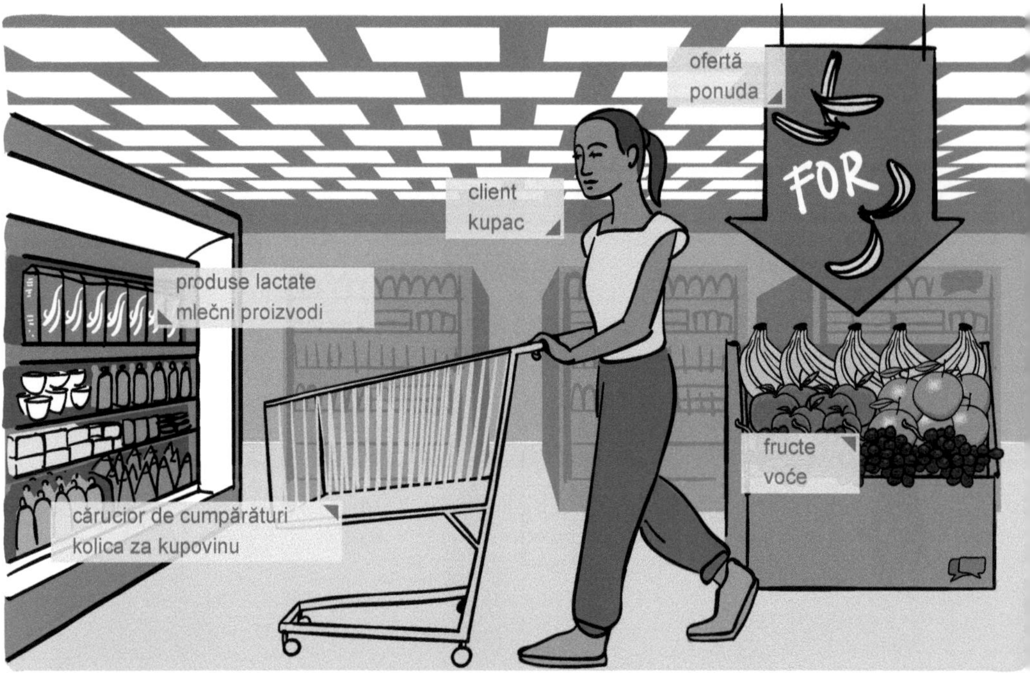

fructe
voće

cărucior de cumpărături
kolica za kupovinu

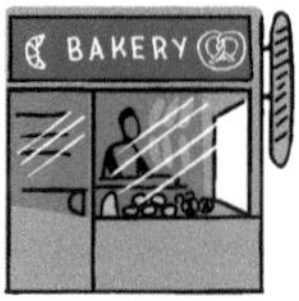

măcelărie	brutărie	a cântări
mesnica	pekara	vagati
	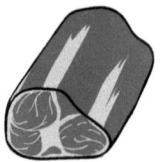	
legume	carne	alimente refrigerate
povrće	meso	smrznuta hrana

mezeluri și brânzeturi feliate

narezak

conserve

konzerve

detergent

sredstvo za pranje

dulciuri

slatkiši

articole de menaj

artikli za domaćinstvo

produse de curățenie

sredstva za čišćenje

vânzătoare

prodavačica

casă

blagajna

casier

blagajnik

listă de cumpărături

lista za kupovinu

orar

vreme rada

portmoneu

novčanik

carte de credit

kreditna kartica

geantă

torba

pungă de plastic

plastična kesa

apă
voda

suc
sok

lapte
mleko

cola
kola

vin
vino

bere
pivo

alcool
alkohol

cacao
kakao

ceai
čaj

cafea
kava

espresso
espresso

cappucino
cappuccino

banane

banana

măr

jabuka

portocală

narandža

pepene

lubenica

lămâie

limun

morcov

šargarepa

usturoi

beli luk

bambus

bambus

ceapă

luk

ciupercă

gljiva

nuci

orašasti plodovi

paste făinoase

rezanci

spagheti

špagete

orez

riža

salată

salata

cartofi prăjiți

pomfrit

cartofi țărănești

pečeni krumpir

pizza

pica

hamburger

hamburger

sandwich

sendvič

șnițel

šnicla

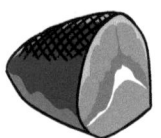

șuncă

šunka

salam

salama

cârnați

kobasica

pui

kokoš

friptură

pečenje

pește

riba

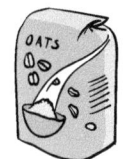

fulgi de ovăz

zobene pahuljice

musli

musli

cereale

kukuruzne pahuljice

făină

brašno

corn

kroasan

chifle

pecivo

pâine

hleb

pâine prăjită

toast

biscuiți

keksi

unt

maslac

brânză de vaci

sveži sir

prăjitură

kolač

ou

jaje

ouă ochiuri

jaje na oko

brânză

sir

îngheţată

sladoled

zahăr

šećer

miere

med

marmeladă

marmelada

cremă nuga

nugat krema

curry

kari

mâncare - jelo

gospodărie țărănească

seosko gazdinstvo

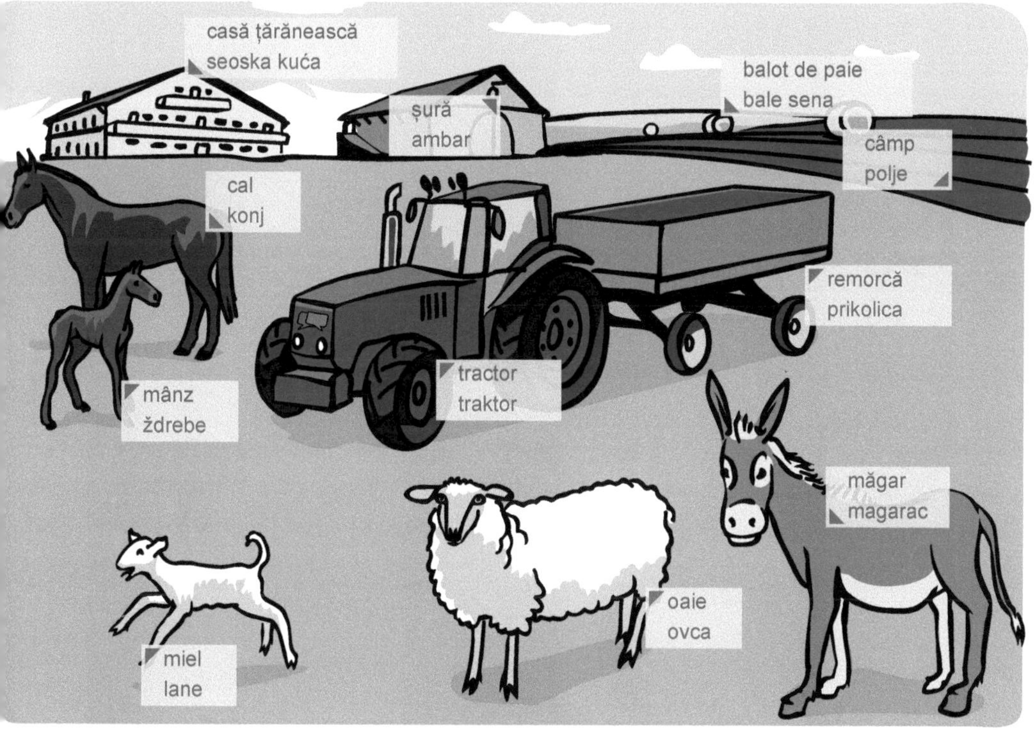

casă țărănească
seoska kuća
șură
ambar
balot de paie
bale sena
câmp
polje
cal
konj
remorcă
prikolica
tractor
traktor
mânz
ždrebe
măgar
magarac
oaie
ovca
miel
lane

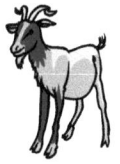

capră

koza

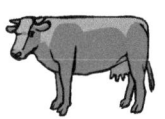

vacă

krava

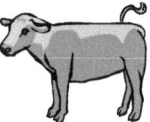

vițel

tele

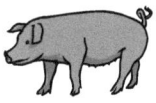

porc

svinja

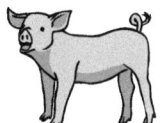

purcel

prase

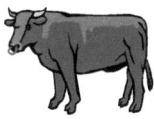

taur

bik

găină

guska

rață

patka

pui

pilići

găină

kokoš

cocoș

petao

șobolan

pacov

pisică

mačka

șoarece

miš

bou

vol

câine

pas

cușcă

kućica za psa

furtun de grădină

vrtno crevo

stropitoare

kanta za polivanje

coasă

kosa

plug

plug

seceră

srp

sapă

motika

furcă

viljuška za đubrivo

secure

sekira

roabă

tačke

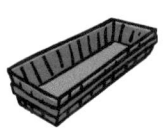

troacă

korito

cană pentru lapte

posuda za mleko

sac

vreća

gard

ograda

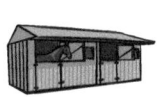

grajd

štala

seră

staklenik

sol

zemlja

sămânţă

seme

fertilizator

đubrivo

combină de treierat

kombajn

a culege

žeti

recoltă

žetva

cartof yam

jams začin

grâu

pšenica

soia

soja

cartof

krumpir

porumb

kukuruz

rapiță

uljana repica

pom fructifer

voćka

manioc

gomolj manioke

cereale

žitarice

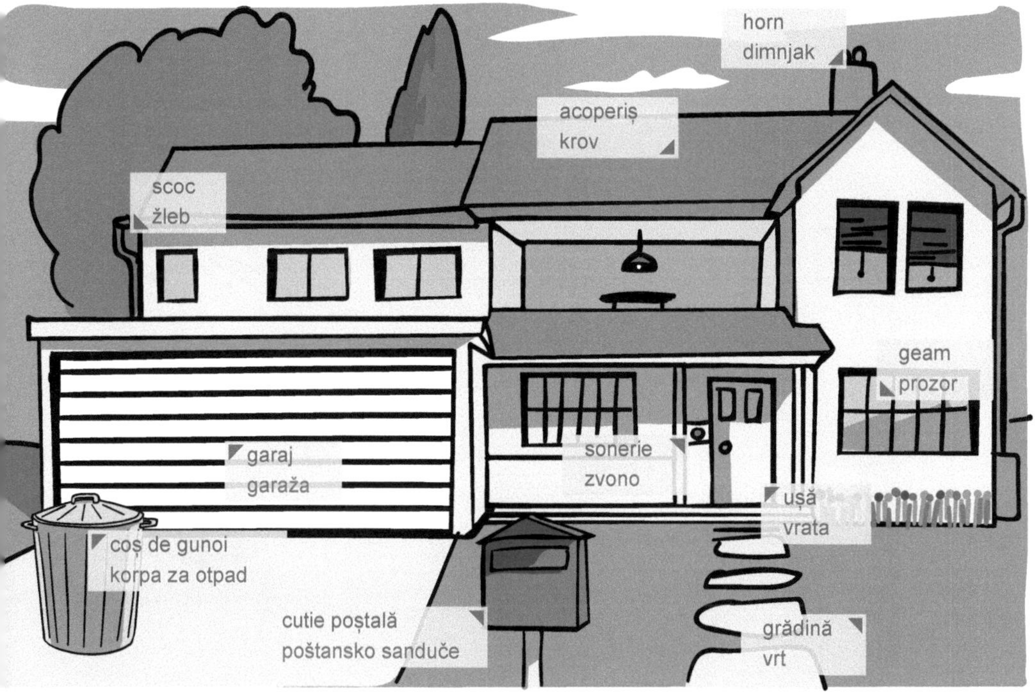

horn
dimnjak

acoperiș
krov

scoc
žleb

geam
prozor

garaj
garaža

sonerie
zvono

ușă
vrata

coș de gunoi
korpa za otpad

cutie poștală
poštansko sanduče

grădină
vrt

cameră de zi

dnevna soba

baie

kupaonica

bucătărie

kuhinja

dormitor

spavaća soba

camera copiilor

dečija soba

sufragerie

trpezarija

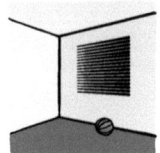

podea

pod

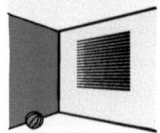

perete

zid

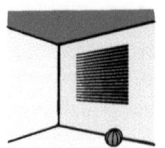

tavan

strop

pivniță

podrum

saună

sauna

balcon

balkon

terasă

terasa

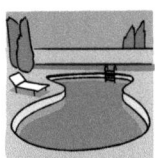

piscină

bazen

mașină de tuns iarba

kosilica za travu

cearșaf

posteljina za krevet

cuvertură

deka za krevet

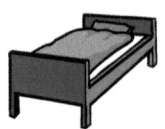

pat

krevet

mătură

metla

găleată

kanta

întrerupător

prekidač

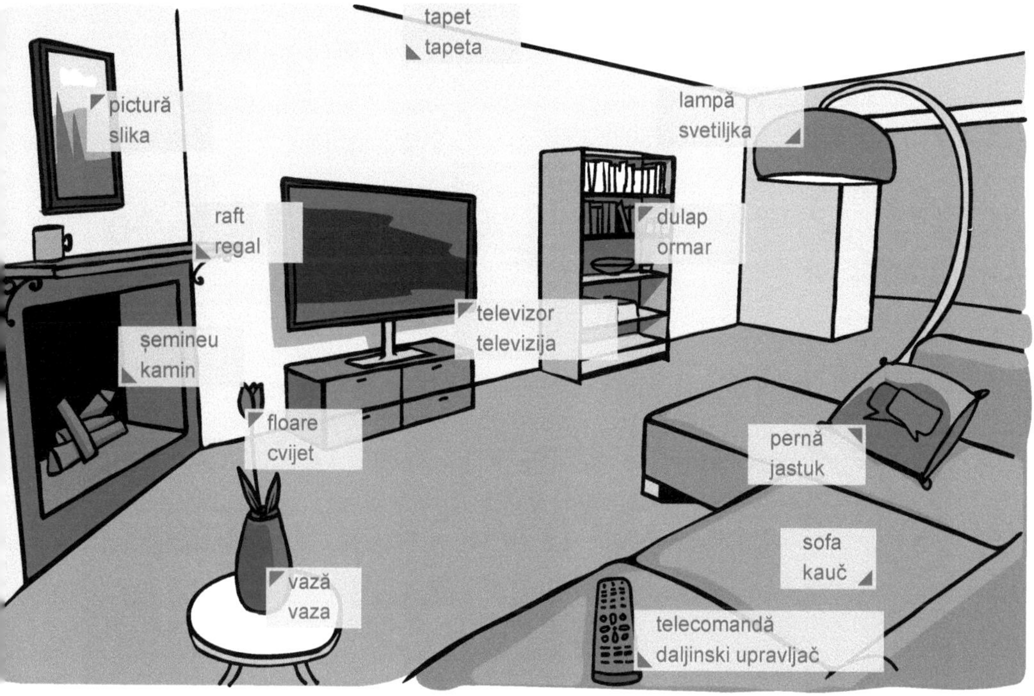

tapet
tapeta

pictură
slika

lampă
svetiljka

raft
regal

dulap
ormar

șemineu
kamin

televizor
televizija

floare
cvijet

pernă
jastuk

sofa
kauč

vază
vaza

telecomandă
daljinski upravljač

covor
tepih

perdea
zavesa

masă
sto

scaun
stolica

balansoar
stolica za njihanje

fotoliu
fotelja

carte

knjiga

pătură

deka

decoraţiune

dekoracija

lemn de foc

drvo za ogrev

film

film

instalaţie stereo

hi-fi uređaj

cheie

ključ

ziar

novine

desen

slika na platnu

poster

poster

radio

radio

caiet de notiţe

blok za pisanje

aspirator

usisivač

cactus

kaktus

lumânare

sveća

bucătărie
kuhinja

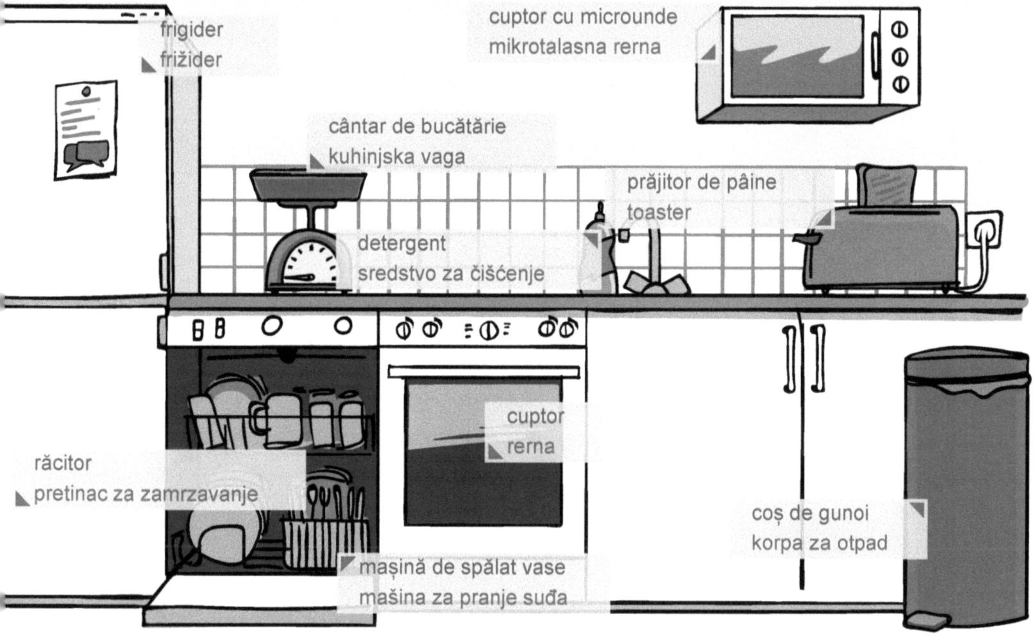

frigider
frižider
cuptor cu microunde
mikrotalasna rerna
cântar de bucătărie
kuhinjska vaga
prăjitor de pâine
toaster
detergent
sredstvo za čišćenje
cuptor
rerna
răcitor
pretinac za zamrzavanje
coș de gunoi
korpa za otpad
mașină de spălat vase
mašina za pranje suđa

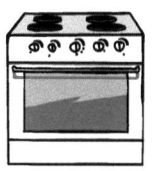

cuptor
....
šporet

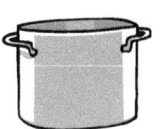

oală
....
lonac

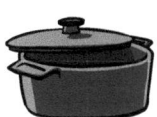

oală de metal
....
gvozdeni lonac

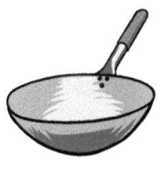

wok/kadai
....
wok / kadai

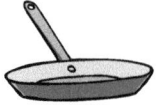

tigaie
....
tava

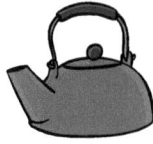

ceainic
....
kuvalo za vodu

oală de gătit cu aburi

kuvalo na paru

tavă de copt

lim za pečenje

veselă

posuđe

pahar

čaša

bol

posuda

bețișoare

štapići za jelo

polonic

kutlača

spatulă

lopatica

tel

penjača

sită

sito za kuvanje

sită

sito

răzătoare

ribež

mojar

mužar

grătar

roštilj

loc pentru grătar

ognjište

bucătărie - kuhinja

tocător

daska

sucitor

oklagija

tirbușon

vadičep

conservă

konzerva

deschizător de conserve

otvarač konzervi

șervete termice

krpa za lonac

chiuvetă

sudoper

perie

četka

burete

sunđer

mixer

mikser

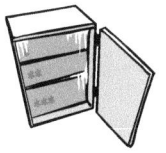

ladă frigorifică

zamrzivač

biberon

flašica za bebe

robinet

slavina za vodu

baie

kupaonica

încălzire
grejanje
duș
tuš
prosop
peškir
perdea de duș
zavesa za tuš
baie cu spumă
penušava kupka
cadă
kada
pahar
čaša
mașină de spălat
mašina za pranje veša
robinet
slavina za vodu
gresie
pločice
oală de noapte
tuta
chiuvetă
sudoper

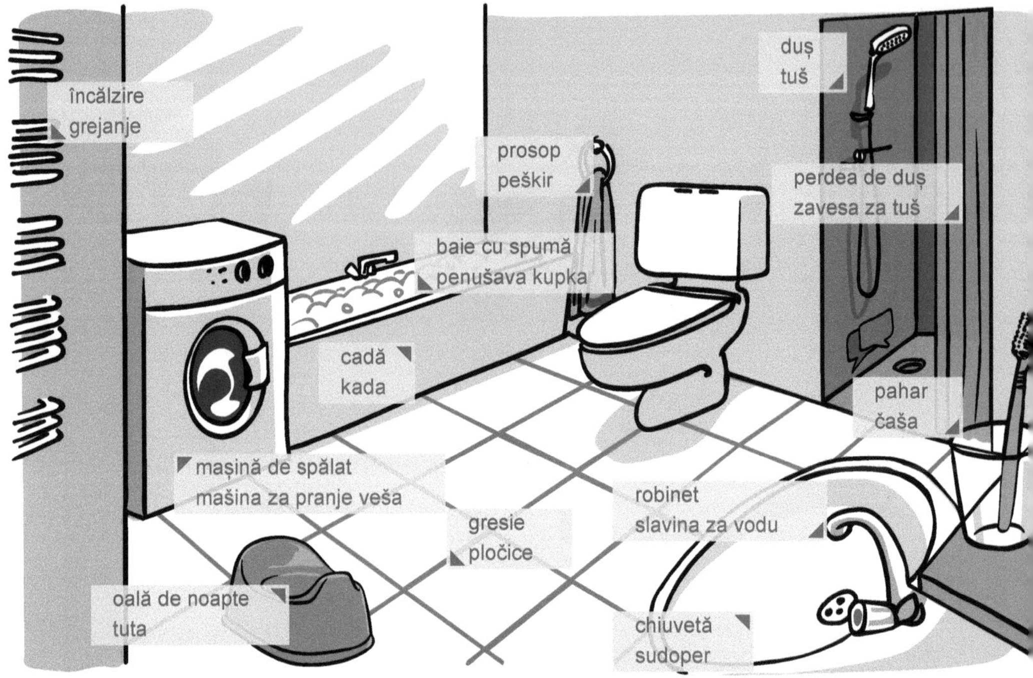

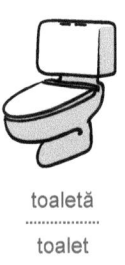

toaletă

toalet

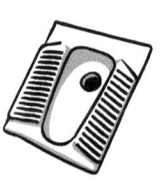

toaletă turcescă

čučavac

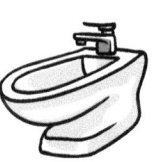

bideu

bidet

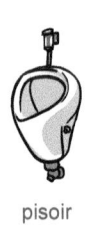

pisoir

pisoar

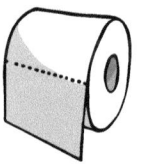

hârtie igienică

toaletni papir

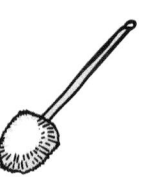

perie de toaletă

četka za toalet

periuță de dinți

četkica za zube

pastă de dinți

pasta za zube

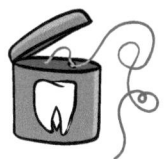

ață dentară

konac za zube

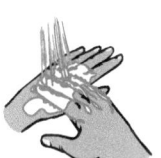

a spăla

prati

cap de duș

tuš ručica

duș intim

tuš za pranje intimnih delova

lavoar

lavor

perie pentru spate

četka za pranje leđa

săpun

sapun

gel de duș

gel za tuširanje

șampon

šampon

cârpă de spălat

krpa za pranje

scurgere

odvod

cremă

krema

deodorant

dezodorans

oglindă

ogledalo

oglindă cosmetică

kozmetičko ogledalo

aparat de ras

brijač

spumă de ras

pena za brijanje

aftershave

losion za posle brijanja

pieptene

češalj

perie

četka

uscător de păr

fen za kosu

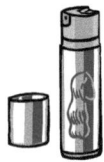

fixator

sprej za kosu

machiaj

makeup

ruj

ruž za usne

lac de unghii

lak za nokte

vată

vata

foarfece de unghii

makaze za nokte

parfum

parfem

neseser
kozmetička torbica

taburet
stolica

cântar
vaga

halat de baie
ogrtač

mănuși de cauciuc
rukavice za čišćenje

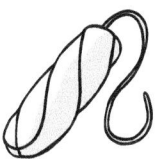

tampon
tampon

tampon
uložak

toaletă chimică
hemijski toalet

camera copiilor
dečija soba

ceas deșteptător
budilnik
jucărie de pluș
plišana igračka
mașină de jucărie
auto igračka
morișcă
zvečka
casă de păpuși
kućica za lutke
cadou
poklon

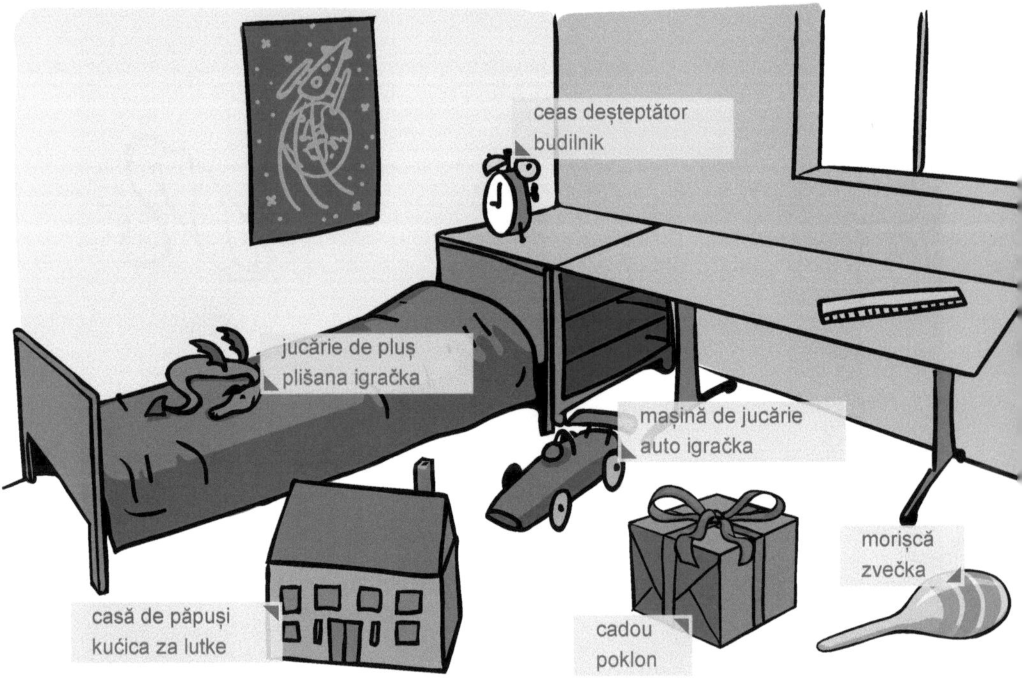

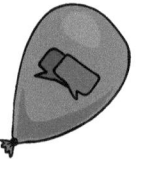

balon
balon

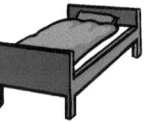

pat
krevet

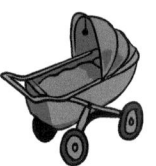

cărucior de copii
dječija kolica

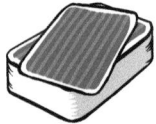

joc de cărți
igra s kartama

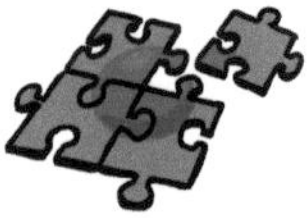

puzzle
slagalica

revistă de benzi desenate
strip

cuburi lego

lego kockice

piese pentru construcţii

kockice za slaganje

personaj din filmele de acţiune

akcioni junak

body

benkica za bebe

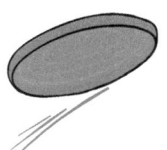

frisbee

frizbi

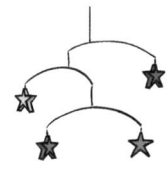

mobil

viseće igračke

joc de societate

društvene igre

zar

kocka

set trenuleţ de jucărie

minijaturna željeznica

suzetă

duda

petrecere

zabava

carte cu poze

slikovnica

minge

lopta

păpuşă

lutka

a se juca

igrati

groapă de nisip

pješčanik

leagăn

ljuljačka

jucării

igračka

consolă video

konzola za igre

tricicletă

tricikl

ursuleț

tedi

dulap

ormar

îmbrăcăminte
odeća

șosete

kratke čarape

ciorapi

čarape

dres

hulahopke

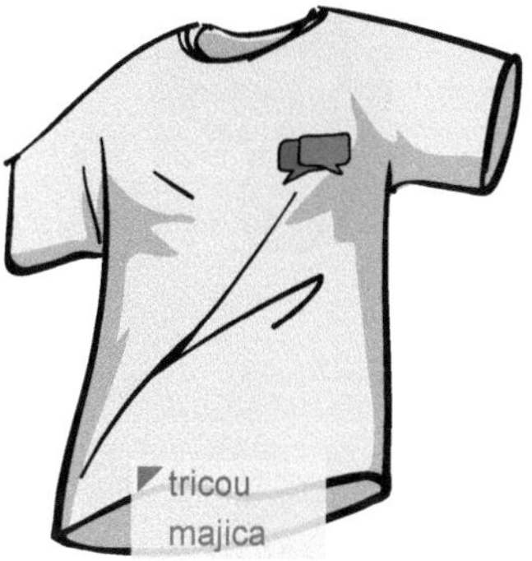

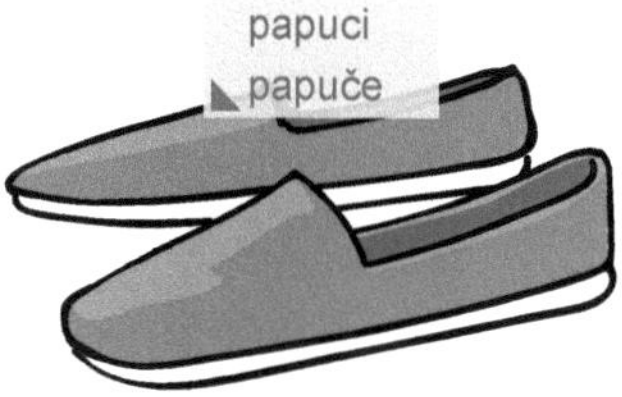

šal
šal

curea
kaiš

umbrelă
kišobran

tricou
majica

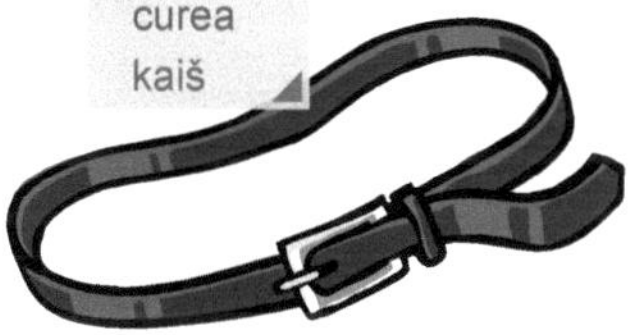

cizme
čizme

papuci
papuče

pantofi sport
patike

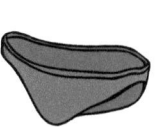

sandale
sandale

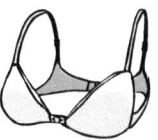

încălțăminte
cipele

cizme de cauciuc
gumene čizme

chilot
gaćice

sutien
grudnjak

maiou
potkošulja

body

bodi

pantaloni

pantalone

blugi

farmerke

fustă

suknja

bluză

bluza

cămașă

košulja

pulover

džemper

jerseu

džemper s kapuljačom

sacou

sako

jachetă

jakna

palton

kaput

pelerină de ploaie

kabanica

costum

kostim

rochie

haljina

rochie de mireasă

venčanica

costum

odelo

cămașă de noapte

spavaćica

pijama

pidžama

sari

sari

batic

marama za glavu

turban

turban

burka

burka

caftan

kaftan

abaya

abaja

costum de baie

kupaći kostim

șort

kupaće gaćice

pantaloni scurți

kratke pantalone

trening

odeća za trening

șorț

kecelja

mănuși

rukavice

nasture
....
dugme

ochelari
....
naočare

brățară
....
narukvica

lanț
....
ogrlica

inel
....
prsten

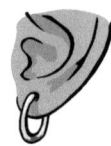

cercel
....
naušnica

căciulă
....
kapa

umeraș
....
vešalica

pălărie
....
šešir

cravată
....
kravata

fermoar
....
patent zatvarač

cască
....
kaciga

bretele
....
naramenice

uniformă școlară
....
školska uniforma

uniformă
....
uniforma

îmbrăcăminte - odeća

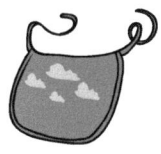

bavețică

podbradak

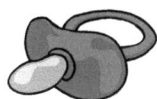

suzetă

duda

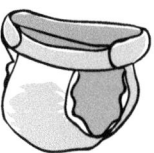

scutec

pelena

birou
kancelarija

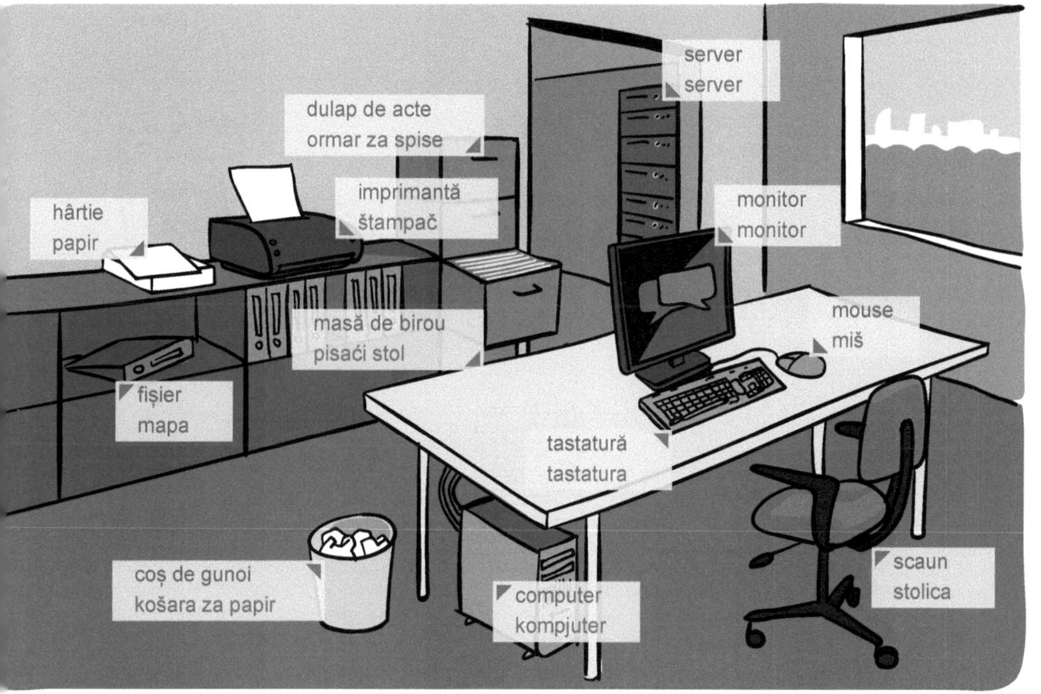

server
server
dulap de acte
ormar za spise
imprimantă
štampač
hârtie
papir
monitor
monitor
mouse
miš
masă de birou
pisaći stol
fișier
mapa
tastatură
tastatura
coș de gunoi
košara za papir
computer
kompjuter
scaun
stolica

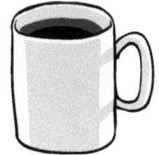

ceașcă de cafea

šalica za kavu

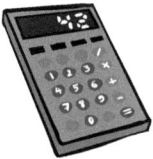

calculator

kalkulator

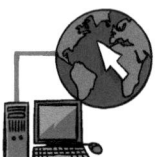

internet

internet

laptop
laptop

scrisoare
pismo

mesaj
poruka

telefon mobil
mobilni telefon

rețea
mreža

copiator
uređaj za kopiranje

software
softver

telefon
telefon

priză
utičnica

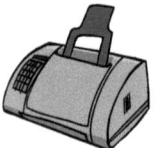

fax
faks

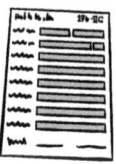

formular
formular

document
dokument

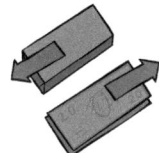

a cumpăra

kupovati

a plăti

platiti

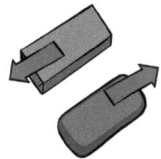

a face comerț

trgovati

bani

novac

USD

Dolar

dolar

EUR

Euro

evro

JPY

Yen

jen

RUB

Rublă

rublja

CHF

Franc Elvețian

švajcarski franak

CNY

renminbi yuan

renmindbi juan

INR

Rupie

rupija

bancomat

automat za novac

casă de schimb valutar

menjačnica

aur

zlato

argint

srebro

petrol

nafta

energie

energija

preț

cena

contract

ugovor

impozit

porez

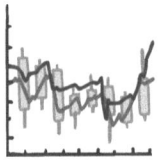

acțiune

deonica

a munci

raditi

angajat

službenik

angajator

poslodavac

fabrică

fabrika

magazin

prodavnica

economie - ekonomija

poliţist
policajac

pompier
vatrogasac

bucătar
kuvar

medic
lekar

pilot
pilot

grădinar

vrtlar

tâmplar

stolar

cusătoreasă

krojačica

judecător

sudija

chimist

hemičar

actor

glumac

șofer de autobuz

vozač autobusa

șofer de taxi

vozač taksija

pescar

ribar

femeie de serviciu

čistačica

tinichigiu

krovopokrivač

chelnăr

konobar

vânător

lovac

pictor

slikar

brutar

pekar

electrician

električar

muncitor în construcții

građevinski radnik

inginer

inženjer

măcelar

mesar

instalator

limar

poștaș

poštar

soldat

vojnik

arhitect

arhitekta

casier

blagajnik

florar

cvećar

frizer

frizer

controlor

kondukter

mecanic

mehaničar

căpitan

kapetan

stomatolog

zubar

om de știință

naučnik

rabin

rabi

imam

imam

călugăr

monah

preot

svećenik

instrumente

alati

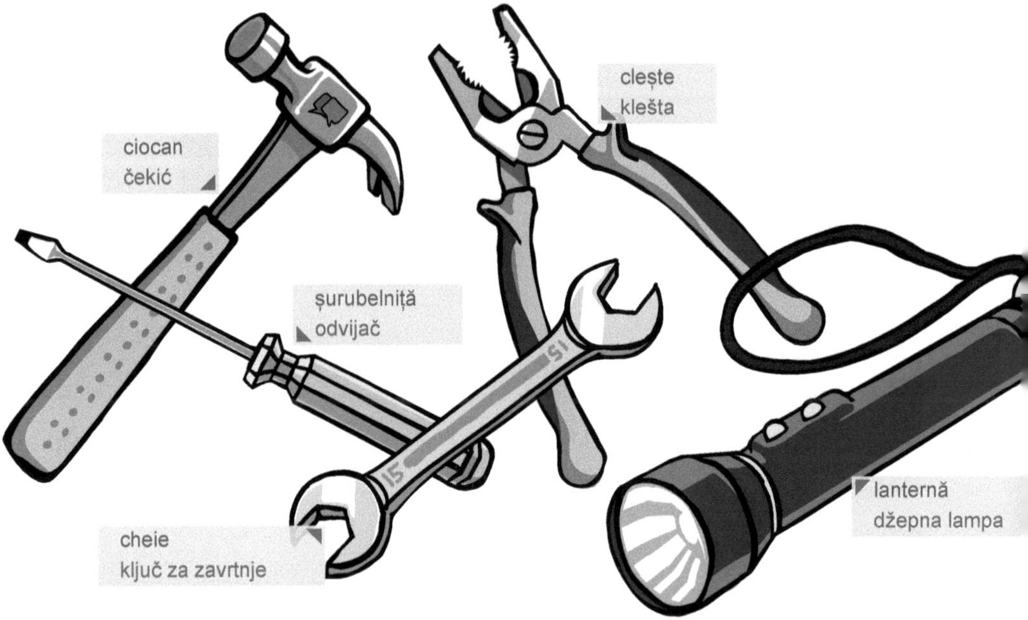

ciocan
čekić
clește
klešta
șurubelniță
odvijač
cheie
ključ za zavrtnje
lanternă
džepna lampa

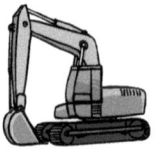

excavator

bager

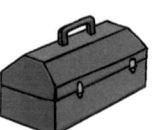

cutie de scule

kutija za alat

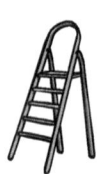

scară

merdevine

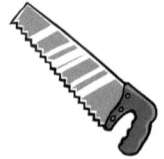

ferăstrău

pila

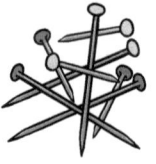

cuie

ekser

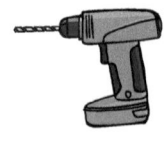

burghiu

bušilica

a repara

popraviti

lopată

lopata

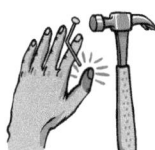

La naiba!

do đavola!

făraș

lopatica

vas pentru vopsea

lonac za boju

șuruburi

zavrtanji

instrumente muzicale
muzički instrument

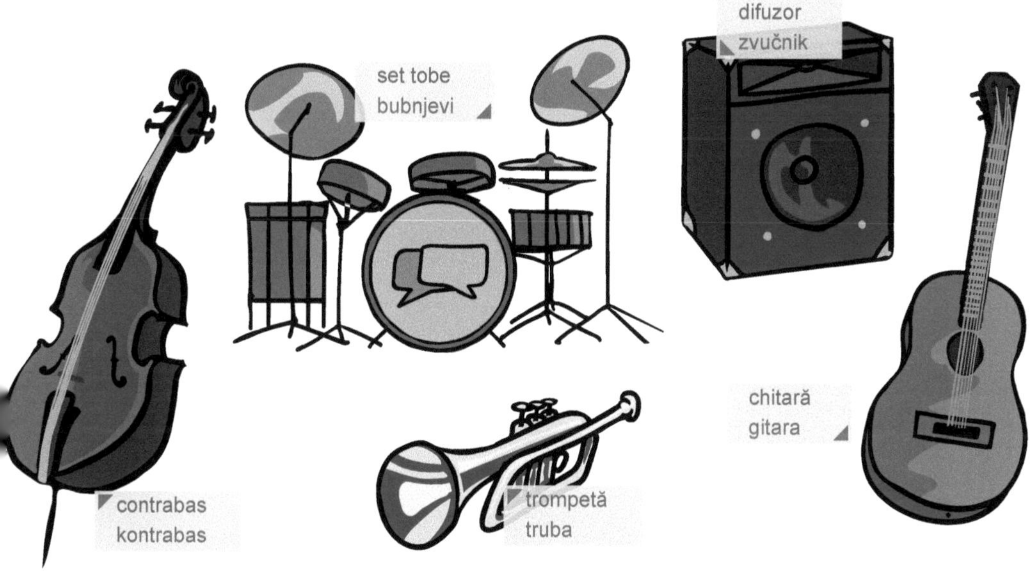

set tobe
bubnjevi

difuzor
zvučnik

chitară
gitara

contrabas
kontrabas

trompetă
truba

pian

klavir

vioară

violina

bas

bas

trombon

timpani

tobă

udaraljke za bubnjeve

keyboard

tipke klavira

saxofon

saksofon

fluier

flauta

microfon

mikrofon

intrare
ulaz

tigru
tigar

cușcă
kavez

zebră
zebra

mâncare pentru animale
hrana za životinje

panda
panda

animale
životinje

elefant
slon

cangur
kengur

rinocer
nosorog

gorilă
gorila

urs
medved

cămilă

kamila

struţ

noj

leu

lav

maimuţă

majmun

flamingo

flamingo

papagal

papagaj

urs polar

polarni medved

pinguin

pingvin

rechin

ajkula

păun

paun

şarpe

zmija

crocodil

krokodil

îngrijitor grădina zoologică

čuvar u zoološkom vrtu

focă

tuljan

jaguar

jaguar

ponei
poni

leopard
leopard

hipopotam
nilski konj

girafă
žirafa

acvilă
orao

porc mistreț
divlja svinja

pește
riba

broască țestoasă
kornjača

morsă
morž

vulpe
lisica

gazelă
gazela

fotbal american
američki nogomet

ciclism
biciklizam

tenis
tenis

basketball
košarka

înot
plivanje

box
boks

hockey pe gheață
hokej na ledu

fotbal
fudbal

badminton
badminton

atletism
atletika

handbal
rukomet

schi
skijanje

polo
polo

a râde
smejati se

a sări
skočiti

a îmbrățișa
zagrliti

a merge
ići

a cânta
pevati

a visa
sanjati

a se ruga
moliti se

a săruta
poljubiti

a scrie
pisati

a desena
crtati

a arăta
pokazati

a împinge
gurati

a da
dati

a lua
uzeti

a avea

imati

a face

činiti

a fi

biti

a sta în picioare

stojati

a fugi

trčati

a trage

povlačiti

a arunca

baciti

a cădea

padati

a sta întins

ležati

a aștepta

čekati

a purta

nositi

a ședea

sediti

a se îmbrăca

oblačiti

a dormi

spavati

a se trezi

probuditi se

activități - aktivnosti

a privi

gledati

a plânge

plakati

a mângâia

milovati

a se pieptăna

češljati

a vorbi

govoriti

a înțelege

razumeti

a întreba

pitati

a asculta

slušati

a bea

piti

a mânca

jesti

a face ordine

pospremiti

a iubi

voleti

a găti

kuhati

a conduce

voziti

a zbura

leteti

a naviga

ploviti

a calcula

računati

a citi

čitati

a învăța

učiti

a munci

raditi

a se căsători

venčati se

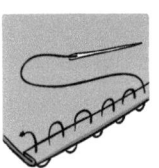

a coase

šiti

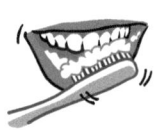

a se spăla pe dinți

prati zube

a ucide

ubiti

a fuma

pušiti

a trimite

poslati

bunică
baka

bunic
deda

tată
otac

mamă
majka

bebeluș
beba

soră
kćerka

fiu
sin

oaspete
....
gost

mătușă
....
tetka

unchi
....
ujak, stric

frate
....
brat

soră
....
sestra

corp
telo

frunte
čelo
ochi
oko
umăr
rame
deget
prst
față
lice
bărbie
brada
mână
ruka
piept
grudi
picior
noga
braț
ruka

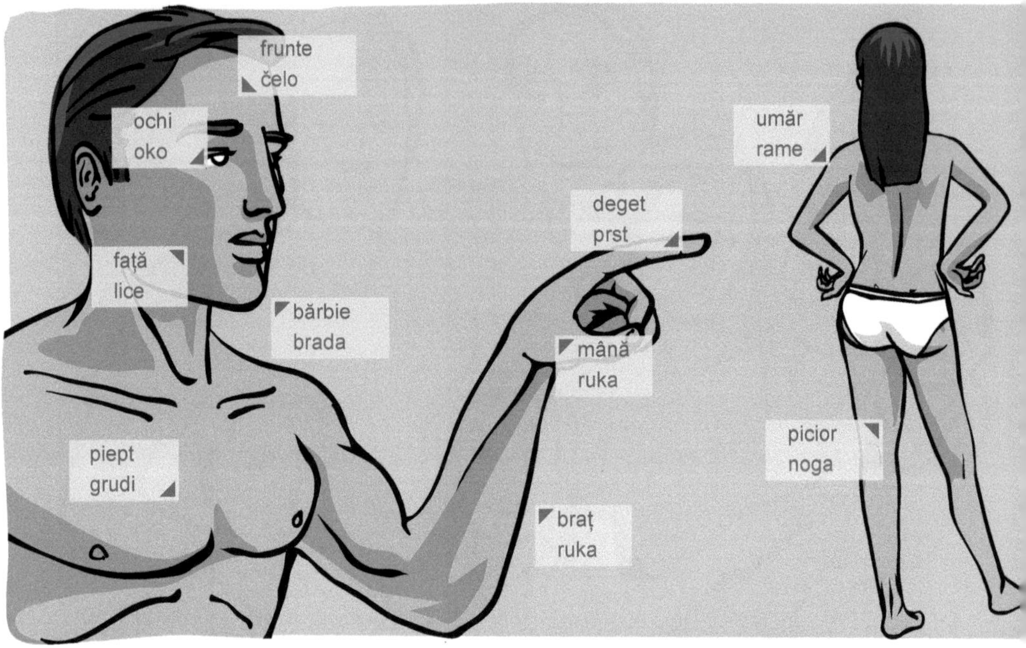

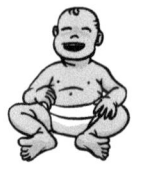

bebeluș
beba

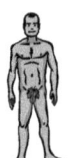

bărbat
muškarac

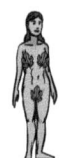

femeie
žena

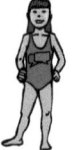

fată
devojčica

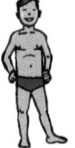

băiat
dečak

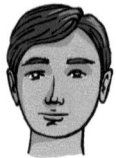

cap
glava

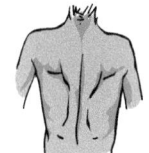

spate

leđa

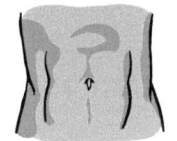

abdomen

stomak

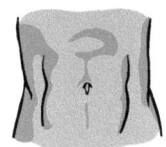

ombilic

pupak

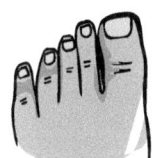

deget de la picior

nožni prst

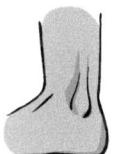

călcâi

peta

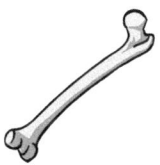

os

kost

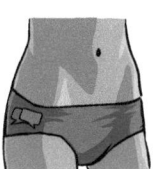

șold

kukovi

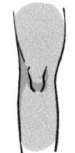

genunchi

koleno

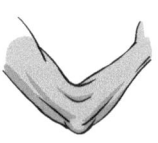

cot

lakat

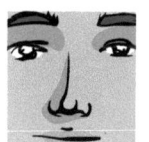

nas

nos

fund

zadnjica

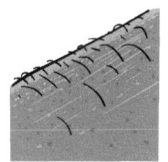

piele

koža

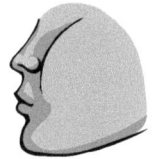

obraz

obraz

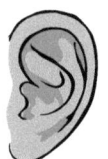

ureche

uvo

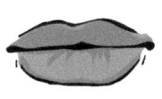

buză

usna

gură

usta

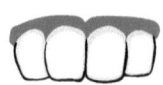

dinte

zub

limbă

jezik

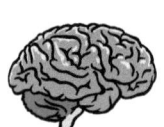

creier

mozak

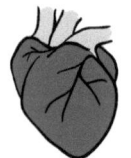

inimă

srce

mușchi

mišić

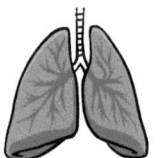

plămân

pluća

ficat

jetra

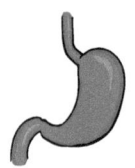

stomac

želudac

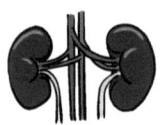

rinichi

bubrezi

sex

polni odnos

prezervativ

kondom

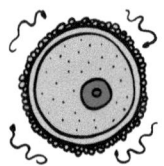

ovul

jajna ćelija

spermă

sperma

sarcină

trudnoća

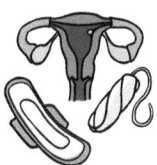

menstruație
menstruacija

vagin
vagina

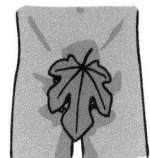

penis
penis

sprânceană
obrva

păr
kosa

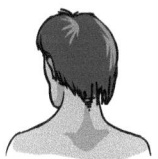

gât
vrat

spital
bolnica

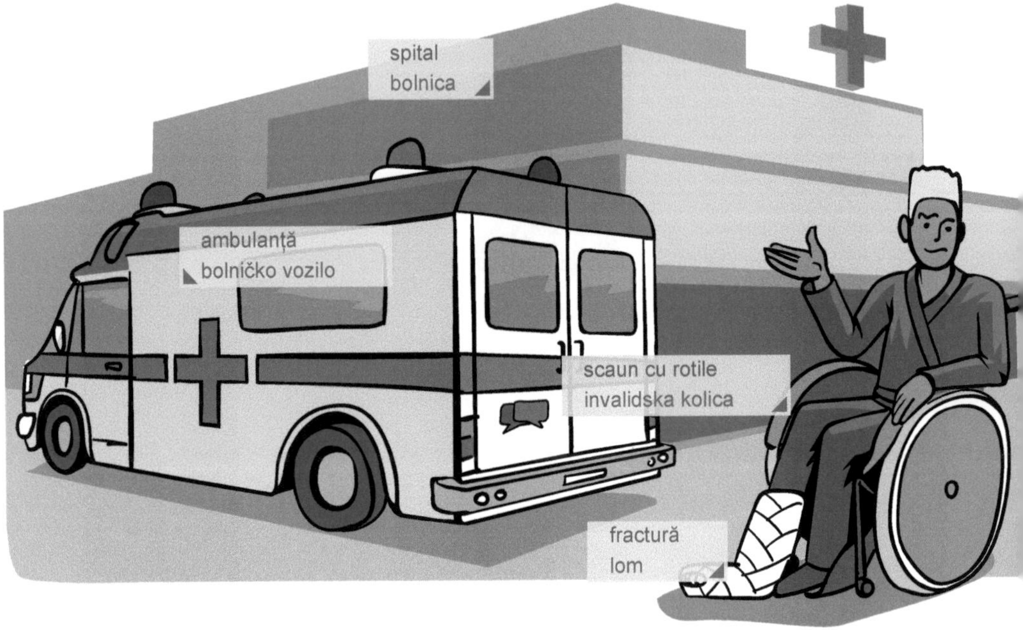

spital
bolnica
ambulanță
bolničko vozilo
scaun cu rotile
invalidska kolica
fractură
lom

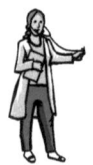

medic
lekar

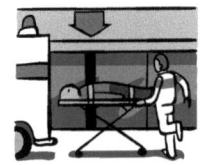

unitate de primiri urgențe
hitna medicinska služba

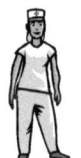

soră medicală
medicinska sestra

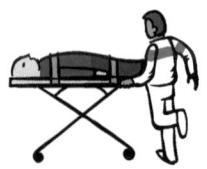

urgență
hitni slučaj

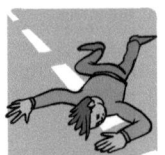

inconștient
nesvest

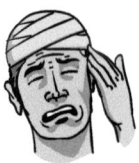

durere
bol

leziune
....
povreda

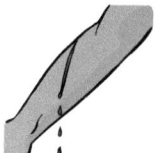

sângerare
....
krvarenje

infarct miocardic
....
srčani udar

atac cerebral
....
udar

alergie
....
alergija

tuse
....
kašalj

febră
....
groznica

gripă
....
gripa

diaree
....
proliv

durere de cap
....
glavobolja

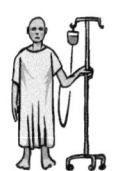

cancer
....
rak

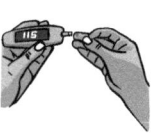

diabet
....
dijabetes

chirurg
....
hirurg

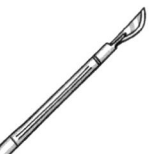

scalpel
....
skalpel

operație
....
operacija

CT
ct

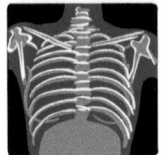

raze Röntgen
rentgen

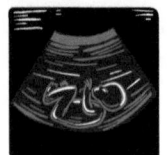

ultrasunet
ultrazvuk

mască
maska

boală
bolest

sală de așteptare
čekaona

cârjă
štaka

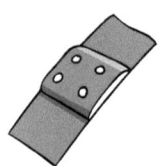

plasture
flaster

bandaj
zavoj

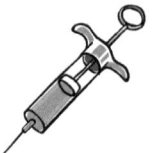

injecție
injekcija

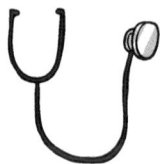

stetoscop
stetoskop

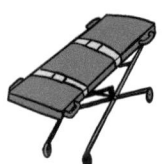

targă
nosila

termometru
termometar

naștere
rođenje

supraponderabilitate
prekomerna težina

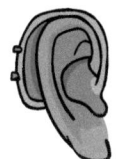

aparat auditiv

slušni aparat

dezinfectant

sredstvo za dezinfekciju

infecție

infekcija

virus

virus

HIV/SIDA

HIV / AIDS

medicină

medicina

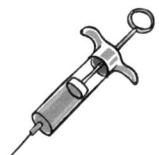

vaccin

vakcinacija

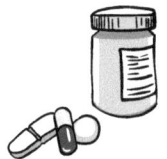

tablete

tablete

pastilă

pilula

apel de urgență

hitni poziv

aparat de măsurare a presiunii arteriale

uređaj za merenje pritiska

bolnav/sănătos

bolesno / zdravo

spital - bolnica

75

Ajutor!

pomoć!

alarmă

alarm

agresiune

nasrtaj

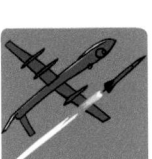

atac

napad

pericol

opasnost

ieșire de urgență

izlaz u slučaju nužde

Foc!

požar!

extinctor

protivpožarni aparat

accident

nezgoda

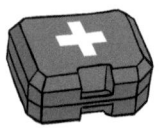

trusă de prim-ajutor

kutija prve pomoći

SOS

sos

poliție

policija

Europa

Evropa

America de Nord

Severna Amerika

America de Sud

Južna Amerika

Africa

Afrika

Asia

Azija

Australia

Australija

Altantic

Atlantik

Pacific

Pacifik

Oceanul Indian

Indijski okean

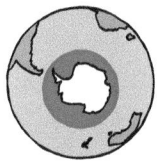

Oceanul Antarctic

Antarktički okean

Oceanul Arctic

Arktički ocean

Polul Nord

Severni pol

Polul Sud

Južni pol

Antarctica

Antarktik

pământ

zemlja

țară

zemlja

mare

more

insulă

otok

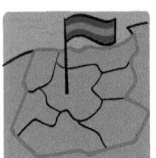

națiune

nacija

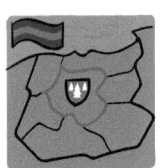

stat

država

cadran

brojčanik sata

orar

satna kazaljka

minutar

minutna kazaljka

secundar

sekundna kazaljka

Cât e ceasul?

Koliko je sati?

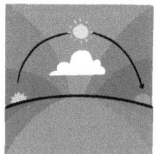

zi

dan

timp

vreme

acum

sada

cead digital

digitalni sat

minut

minuta

oră

čas

săptămână
sedmica

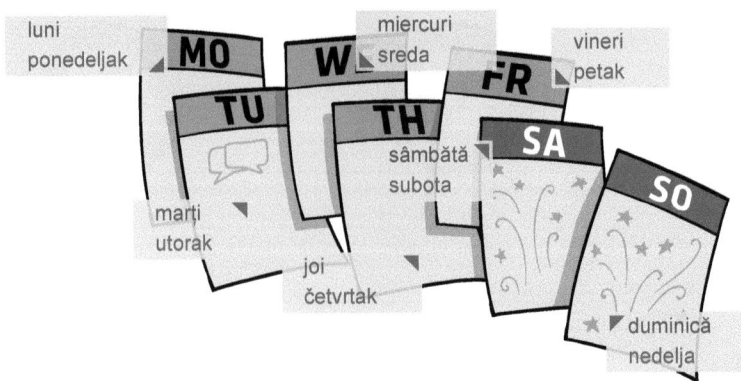

luni
ponedeljak

MO

TU

marți
utorak

W sreda

miercuri

TH

joi
cetvrtak

sâmbătă
subota

SA

FR

vineri
petak

SO

duminică
nedelja

ieri

juče

azi

danas

mâine

sutra

dimineață

jutro

amiază

podne

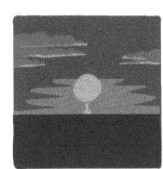

seară

veče

MO	TU	WE	TH	FR	SA	SU
1	2	3	4	5	6	7
8	9	10	11	12	13	14
15	16	17	18	19	20	21
22	23	24	25	26	27	28
29	30	31	1	2	3	4

zile lucrătoare

radni dani

MO	TU	WE	TH	FR	SA	SU
1	2	3	4	5	6	7
8	9	10	11	12	13	14
15	16	17	18	19	20	21
22	23	24	25	26	27	28
29	30	31	1	2	3	4

week-end

vikend

ploaie
kiša

curcubeu
duga

vânt
vetar

zăpadă
sneg

primăvară
proleće

toamnă
jesen

vară
leto

iarnă
zima

4.APRIL	11°	☀
5.APRIL	4°	⛅
6.APRIL	13°	☔
7.APRIL	8°	☀
8.APRIL	10°	☀

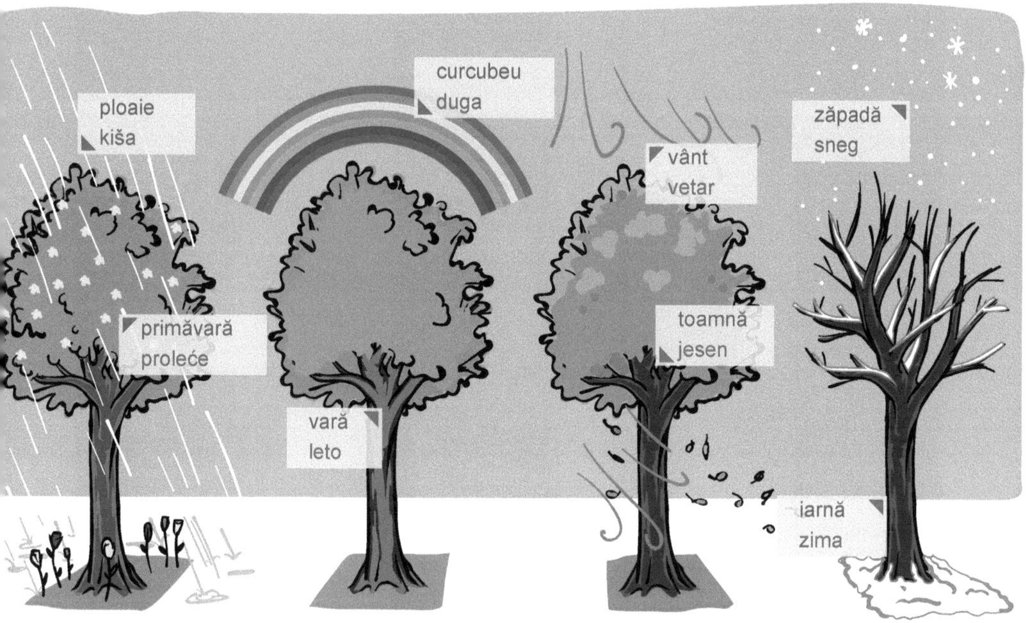

prognoză meteo

meteorološka prognoza

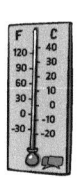

termometru

termometar

lumina soarelui

sunčana svetlost

nor

oblak

ceață

magla

umiditate a aerului

vlažnost vazduha

fulger

munja

tunet

grmljavina

furtună

oluja

grindină

tuča

muson

monsun

inundație

poplava

gheață

led

ianuarie

januar

februarie

februar

martie

mart

aprilie

april

mai

maj

iunie

juni

iulie

juli

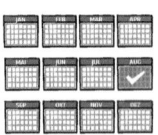

august

avgust

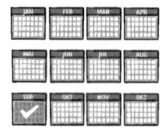

septembrie

septembar

octombrie

oktobar

noiembrie

novembar

decembrie

decembar

forme
oblici

cerc

krug

pătrat

kvadrat

dreptunghi

pravougao

triunghi

trougao

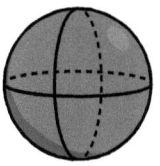

sferă

kugla

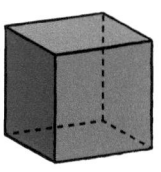

cub

kocka

alb
....
bela

galben
....
žuta

portocaliu
....
narandžasta

roz
....
ružičasta

roșu
....
crvena

violet
....
ljubičasta

albastru
....
plava

verde
....
zelena

maro
....
smeđa

gri
....
siva

negru
....
crna

mult/puțin

mnogo / malo

furios/calm

ljutito / mirno

frumos/urât

lepo / ružno

început/sfârșit

početak / kraj

mare/mic

veliko / maleno

luminos/întunecat

svetlo / tamno

frate/soră

brat / sestra

curat/murdar

čisto / prljavo

complet/incomplet

potpuno / nepotpuno

zi/noapte

dan / noć

mort/viu

mrtvo / živo

lat/strâmt

široko / usko

comestibil/necomestibil

jestivo / nejestivo

rău/prietenos

zlo / dobro

emoționat/plictisit

uzbuđeno / dosadno

gras/slab

debelo / mršavo

primul/ultimul

na početku / na kraju

prieten/inamic

prijatelj / neprijatelj

plin/gol

puno / prazno

tare/moale

tvrdo / mekano

greu/ușor

teško / lagano

foame/sete

glad / žeđ

bolnav/sănătos

bolesno / zdravo

ilegal/legal

ilegalno / legalno

inteligent/stupid

pametno / glupo

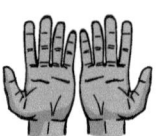

stânga/dreapta

levo / desno

aproape/departe

blizu / daleko

antonime - suprotnosti

nou/uzat

novo / polovno

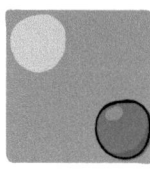

nimic/ceva

ništa / nešto

bătrân/tânăr

staro / mlado

pornit/oprit

uključeno / isključeno

deschis/închis

otvoreno / zatvoreno

încet/tare

tiho / glasno

bogat/sărac

bogato / siromašno

corect/fals

tačno / pogrešno

aspru/neted

hrapavo / glatko

trist/fericit

tužno / sretno

lung/scurt

kratko / dugo

încet/repede

polako / brzo

ud/uscat

mokro / suho

cald/rece

toplo / hladno

război/pace

rat / mir

0	**1**	**2**
zero	unu	doi
nula	jedan	dva
3	**4**	**5**
trei	patru	cinci
tri	četiri	pet
6	**7**	**8**
șase	șapte	opt
šest	sedam	osam
9	**10**	**11**
nouă	zece	unsprezece
devet	deset	jedanaest

12

douăsprezece

dvanaest

13

treisprezece

trinaest

14

paisprezece

četrnaest

15

cincisprezece

petnaest

16

șaisprezece

šestnaest

17

șaptesprezece

sedamnaest

18

optsprezece

osamnaest

19

nouăsprezece

devetnaest

20

douăzeci

dvadeset

100

o sută

stotinu

1.000

o mie

hiljadu

1.000.000

un milion

milion

engleză

engleski

engleză americană

američki engleski

chineza mandarină

mandarinski kineski

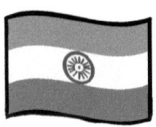

hindi

hindski

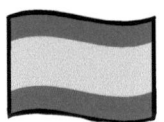

spaniolă

španski

franceză

francuski

arabă

arapski

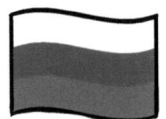

rusă

ruski

protugheză

portugalski

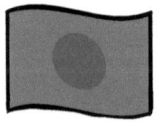

bengaleză

bengalski

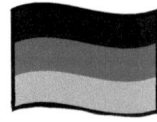

germană

nemački

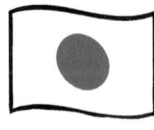

japoneză

japanski

eu
ja

tu
ti

el/ea
on / ona / ono

noi
mi

voi
vi

ea
oni

cine?
Ko?

ce?
Šta?

cum?
Kako?

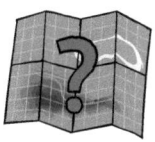

unde?
Gde?

când?
Kada?

nume
ime

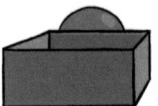

în spate

iza

în

u

înainte

ispred

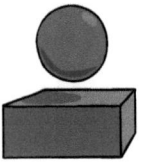

peste

preko

pe

na

sub

ispod

lângă

pored

între

između

loc

mesto